মধ্যরাতের কবিতা

রকি মিত্র

কিছুকথা

হাফপিচে দাঁড়িয়ে বাউন্সারকে ডাক করতে করতে কবে যে অভ্যস্ত হয়ে উঠেছি ক্রমশ, বুঝতেই পারিনি। যেদিন বুঝতে পারলাম, সেদিন দেখলাম খাতার মধ্যে কেউ লিখে রেখে গেছে প্রিয় কবিতার কয়েকটি লাইন "শুধু কবিতার জন্য আমি অমরত্বকে তাচ্ছিল্য করেছি.. "।অথচ তাচ্ছিল্য করার ছিল কতো কিছুই ! আমি পারিনি সেসব অনিবার্যকে সরিয়ে দিতে, সরাতেও চাইনি। রবিবারের দুপুরে মাংসের ঝোলের সাথে সন্ধি করেছি বেঁচে থাকার। সে যাই হোক, যৌবনের এই মধ্যগগনে এসে রাত জেগে শব্দের মায়াজাল বোনা যে কতথানি দুরারোগ্যব্যধি-তা কেবল রাতগুলোই জানে ।বিপ্লবকে বরণ করতে চেয়েও সত্যকে স্বীকার করতে পারা নিতান্তই একটা চ্যালেঞ্জ।আমিও ডরিয়েছি প্রথমটায় ।তথাপি কতটুকু অকপটে স্বীকার করতে পারলাম- তা জানিনা। প্রিয়বন্ধুদের পিঠ চাপড়ে দেওয়া অনুপ্রেরণার উপর ভর করে, অবশেষে লিখেই ফেললাম বস্তা বন্দি ছন্নছাড়া অনুভূতিগুলিকে।আজ তাই তাদের প্রত্যেকের কাছে আমি কৃতজ্ঞ, কৃতজ্ঞ আমার সেই ভ্রাতৃসম বন্ধু কৌশিক মহন্তের কাছে, বরাবর যে ইন্ধন জুগিয়ে গেছে আমার লেখায়।

যাই হোক আর ভাট বকছিনা । কি পেরেছি আর কতটা সফল হয়েছি তা আপনাদের উপরেই ছাড়লাম।তবে আশা রাখছি নিরাশ হবেন না। পুনশ্চ ডাকবাক্স খোলাই আছে অভিযোগের জন্য।

- এক বুক ভালোবাসা সহিতঃ রকিমিত্র

বিষয়বস্তু

বিষয়বস্তু

অনুক্রমণী

সূচীপত্র

ভূমিকা

মধ্যরাতের কবিতা

রকি মিত্র

স্বীকার

অধ্যায়১

বীজ বপনের গান

এখনো এ বুকে যতখানি জমি খালি পরে আছে ,
সবটুকু তোমায় দিলাম ।
এখনো এ মহীরুহে যতটা ছায়া বাকি আছে,
সে সব তোমায় দিলাম ।
এখনো এ ভুখা পেটে,এখনো এ টুটাফাটা দাওয়ায়-
যতটুকু প্রাণ অবশিষ্ট আছে ,
সে সবটুকু তোমায় দিলাম।
নাও, দুহাত ভরে নাও – আমাকে নিংড়ে নাও আজ তুমি।
কেবল বীজ বপনের আগের রাতে –
আমার মুখে তুলে দাও গরম ভাত।
সঙ্গমের পর চোখে লেপে দাও গভীর ঘুম,
মাঝরাতে জেগে উঠলে , কপালে বুলিয়ে দাও স্নেহের হাত ।
বুকে এঁকে দাও লাঙ্গলের পদচিহ্ন।
আর ফিরে যাওয়ার আগে,
আমার শরীরে লিখে যাও "শান্তি"
শিখিয়ে যাও দুপুর রৌদ্রে আরও দু-প্রহর
দাঁড়িয়ে থাকার আদিম কৌশল।
কানে দিয়ে যাও-
বৃষ্টিকে নামিয়ে আনার মহামন্ত্র। ।
প্রসন্নতায় আশিস করো এই বলে-

যেন আমার পূর্বপুরুষের এইভিটে মাটিতে,
সদর্পে দাঁড়িয়ে থাকতে পারে আমার ঔরসজাতেরা ।

অধ্যায়2

কবিতাও আমরা

বিস্ফোরণ!! পরপর দু দুটি বিস্ফোরণের পর
কবি লিখলেন– " আমরা এখন টাইটানিকের পথে
ডুবে যেতে পারি এক লহমায়"
কবিতা পাখি হয়ে উড়ে গেল আকাশ
আমরা বুঝে নিলাম বিপ্লব ডাকছে,
ঠিক সেই থেকে বন্দুক উঠল,
ট্রিগার চাপল
পতাকা উড়ল।
ধানক্ষেতের পাশ থেকে উঠে আসা ক্ষুধার্ত সোস্যালিজম ,
তীর ছুঁড়ে দিল বাতাসে– "কবিতার গায়ে ভাতের গন্ধ নেই"
আমরা ভাবলাম কবিতা শুধু বিপ্লব চায়,
ঠিক সেই থেকে কবিকে পুঁতে দিলাম মাটিতে।
কবি মরে গেল। কবিতা ভেসে রইল বাতাসেই।
আমাদের আগে যারা এসেছিল, তারা নাম দিল 'পুনশ্চ'
আমরা আকাশে পৌঁছাতে পারিনি
আমাদের পরে যারা আসবে, তারা নাম দেবে 'দুর্বোধ্য'
অথচ কবিতা রয়ে গেল সেই–
কবিতার চেয়েও ঢের কেমন ভাবে।

অধ্যায়৩

প্রাক্তনের জন্য

আরও একবার কাছে এসো দেখো,
আরও একবার মাথা রেখে দেখো –
আমার গহীন অরণ্যে।
তোমাকে দেখাবো –
আদি –অনন্তের সঙ্গম , চেনাবো বৃষ্টি নামার সংকেত;
তোমাকে দেখাবো আমার ধূসর প্রাঙ্গন, ফসলে পুড়ে যাওয়া
ধানক্ষেত।
তোমাকে দেখাবো চাঁদনীর পুকুরের ধার–
মধ্যরাতের এই আরব্য নগরে,
তোমাকে দেখাবো কিভাবে কয়েকশো ব্যর্থ প্রেমিক –
দাফনের পরেও জেগে উঠছে এই হাভাতা শহরে।
এসো আরও একবার জড়িয়ে নাও আমায়
চিবুকে ছোঁয়াও তোমার উষ্ণ সমুদ্রস্রোত ,
চুমু তে ভরিয়ে দাও আমায় –
কোনো আদিম অলীক সুখে,
তোমাকে দেখাবো যন্ত্রনার কালো দাগ,
তোমাকে দেখাবো –প্রতিটি বিচ্ছেদের পরে,
বেঁচে থাকার কি অদম্য ইচ্ছা–
জেগে ওঠে প্রেমিকের বুকে।

অধ্যায়4

ব্যর্থ কবিতারা

এখন আর নিয়ম করে
দুবেলা কলম ধরা হয়ে ওঠে না আর।
কবিতা লিখতে বসলেই
জেহাদি হাতদুটো
বিদ্রোহ ঘোষণা করে।
ক্রমশ জট পাকিয়ে ওঠে
মস্তিষ্কের ক্ষীয়মাণ স্নায়ুকোষ গুলি।
চুপ থাকি, যন্ত্রনাকে গোগ্রাসে গিলে
চুপ থাকি।
অথচ আমার বলার ছিল অনেক কিছু,
অথচ কলম থেকে আগুন হয়ে বেরোনোর কথা ছিল –
ব্যর্থ দিনের বুভুক্ষু শব্দমালার।
কিন্তু আমার লেখা হলোনা কিছুই।
বিগত কয়েকটা যুগ থেকে
আমি ঠিক মতো ঘুমোতে পারিনি
বিগত কয়েক যুগ ধরে
আমার পেলব চোখদুটি
ছুঁয়ে দেখেনি গভীর ঘুমে স্বাদ ।
পাশের ঘর থেকে বাবার পুরোনো কাশির শব্দটা
অন্ধকারের এই সূক্ষ্ম দেয়াল ভেদ করে,

কানে ভেসে আসে যেই-
মনে হয় আমাকে এক্ষুনি ছুটতে হবে।
মনে হয়,আমাকে এক্ষুনি খুঁজে বের করতে হবে -
আগামী দিনের বেঁচে থাকার রসদ।
বিকেল গড়িয়ে সন্ধ্যের দিকে যখন লাল ক্লান্ত সূর্যটা
মুখ লুকোয় দিগন্তের চাদরে
আর রাস্তার স্ট্রিট ল্যাম্পগুলো দখল করে নেয় তার সযত্নে
সাজানো গোটা সাম্রাজ্যটিকে,
নিজেকে তখন ক্রমাগত -
যুদ্ধ থেকে মুখ ফিরিয়ে নেওয়া সেই ভীরু সৈনিকের মতো
মনে হয়।
যার মুখ কোনোদিন দেখতে চায়নি এই সভ্য সমাজ।
এখন আর দুবেলা সময় মতো কবিতা লেখা হয়ে ওঠে না
আমার
কেবল মধ্যরাতে রং খসে পরা মশারির তলায়
বেগতিক শব্দেরা জেগে উঠলে ,
ক্রমশ মনে পড়ে যায় আমার সেই সীমান্ত পেরোনো প্রেমিকার
কথা ,
ফিরে যাওয়ার আগে
মাটির নীচে তাকিয়ে যে শুধু বলে গিয়েছিল - " দু পাতা
প্রেমের কবিতা লিখে –
এ শহরে ভাত জোটেনি কারোর কোনোদিন।"

ঘরে ফেরার সময়ৣ

এইখানে এসে কথা শেষ হলো আমাদের
এইখানে এসে স্তব্ধ হলো যাবৎকালের কোলাহল,
হঠাৎ করেই বলে উঠলি তুই -
"বেলা হলো, এবারে ঘরে ফেরা যাক চল।"
আমাদের কোনো তাড়া ছিল না ফিরে যাওয়ার,
জীবিত ছিল না ফিরে যাওয়ার কোনো অমোঘ পিপাসা
সমাপ্তি জানি , তবুও দেখ ;
কি অবসম্ভাবি এই কাছে আসা !
কথা ছিল, প্রেম ফুরিয়ে এলে-
হাওয়ার শরীরে ভর করে আমরা পৌঁছে যাব দিগন্তের শেষ
সীমানায়।
"এই তো বেশ উড়ে চলেছি দুজনে"-বললি তুই "উড়েই
চলব।যতদূর যাওয়া যায়। "
আসলে ভালোবাসা হলে এমনি করেই আছড়ে পড়তে হয় বুকে
,
এমনি করেই মিলিয়ে দিতে হয় সমস্ত পরিসংখ্যান
যেমনটা তুই আকড়ে ধরতিস আমায় ,
যেমনটা আমার অরগ্যানিক কেমেস্ট্রি আর তোর জীববিজ্ঞান।
এই মুহূর্তে একটা অচেনা ঝড় আছড়ে পড়ুক এ পাড়ায়,
এই মুহূর্তে তোর হলুদ শহরে ভিড় জমাক-
হাজারটা সবুজ বসন্তেরা,
প্রত্যাখানের পাশে একটা মৃতদেহ পড়ে থাকুক শুধু অবশেষে,
আর স্মৃতিরা নিদ্রা যাক মূর্ছনায়।
আসলে মৃত্যুকে ছুঁয়েছি দুটিতে অনেক আগেই -
তবুও মরণ হলো কই ?
কি আশ্চর্য দেখ !

দিব্যি আছি একই শহরে দুজনেই ,
অথচ কেউ কারোর নই।।

দিব্যি আছি একই শহরে দুজনেই ,
অথচ কেউ কারোর নই।।

অধ্যায়5

অনিরুদ্ধকে

এইটুকু যন্ত্রটা সহ্য করেই ভালোবাসা পেতে চাইছো
অনিরুদ্ধ !
মাত্র এইটুকু শোকে আঙুলের ডগা ভিজিয়ে,
তুমি পেতে চাইছো লবণ জলে স্নানের স্বাদ!
ধিক তোমায়!।
লজ্জা তোমার সুঠাম পৌরুষ হৃদয়ে।
এখনো দুহাত তুলে প্রতিমা বানাতে শেখোনি তুমি
এখনো এই জমা জল, এই কর্দমাক্ত পথ ডিঙিয়ে –
তুমি তুলে আনতে শেখোনি শেষ বকুল ফুল ।
এখনো এই চৈত্রের রোদ ,এই পুড়ে যাওয়া চাষার মাঠ ,
এখনো এই নকশালবাদের গ্রাম পেরিয়ে
তুমি তুলে আনতে শেখোনিশতাব্দীর প্রাচীনতম কোহিনুর।
অথচ এইটুকু আগুনে গা এলিয়ে দিয়ে ,
তুমি জড়িয়ে নিতে চাইছো ইস্পাতের কঠিন বর্ম !
ধিক তোমায় !
লজ্জা তোমার তরুণ যৌবনে।
তুমি কি জানতে না বলো,
যন্ত্রনা আর কান্নার গভীর লালচে মদের
পুণ্যাহুতি না দিলে–
প্রেম ঈশ্বর হয়ে ওঠেনি কখনো এ পৃথিবীতে।

অধ্যায়6

জাতিস্মর

প্রথম জন্মে আমার পরিচয় ছিল
আমি কৌরব বীর।
অন্ধ পিতা ধৃতরাষ্ট্রের ঔরসে সিক্ত আমার নাভী মূল
আমি দুর্দমনীয় হুংকার,আমি দুঃশাসন।
যুবতী দ্রৌপদীর ক্লিভেজের নেশায় –
সেদিন যার জিভ ভিজেছিল কামার্ত লালায়।
আমার দ্বিতীয় জন্মে আমার পরিচয় ছিল
পরাধীন ভারতের কাশীর সেন্ট্রাল জেলের
অনামা এক জল্লাদ রূপে।
কারাগারের ঠুনকো দেয়াল ভেদ করে
সেদিন যে ফাঁসির দড়ি বেঁধে দিয়েছিল
তোমাদের রক্তমাংসের বিপ্লবের গলায়
দীর্ঘজীবী স্লোগানের মুখের উপর যে ছুঁড়ে মেরেছিল
এক টুকরো কাফন।
আমার বর্তমান জন্মে আমার পরিচয়
আমি এক টেরোরিস্ট
ভুল বললাম, আমার বর্তমান জন্মে
আমি এক কুখ্যাত টেরোরিস্ট।
সাইলেন্সারে চুমু খেয়ে টুঁ মেরে যে বসে থাকি
আত্মঘাতী সিরিয়ার রাস্তায়।

মৃত মান্দাসে পা রেখেও -
অনায়াসে ছুঁড়ে দিতে পারি হাজারটা ট্রাই নাইট্রো টলুইইন।
আমি রাষ্ট্রকে মানি না।
এড়িয়ে চলি আটটা দশটার সংবিধানকে।
আমার বর্তমান জন্মের পর
আরও এগারো বার জন্ম হবে আমার
আরও এগারো বার আমাকে স্বীকৃতি দেবে
তোমাদের নাগরিক সভ্যতা।
অথচ দ্যাখো,
কোনো জন্মেই আমায় মানুষ হয়ে জন্মানো হলো না আর!

অধ্যায়৭

ঈশ্বরের প্রতি

আপনার সাথে আমার কোনো পার্থক্য-
আমি খুঁজে পাইনি এখনোও।
একটা আদ্যোপান্ত পৌঢ় শহরকে গিলে ফেলে,
যেদিন সূর্যাস্তের দেশে নোঙর ফেললাম,
সেদিন বুঝতে পারলাম আমিও অনেকটা আপনারই মতো,
দুর্ভেদ্য।
এরপর কত বসন্ত এলো, কত ওড়না আর শাড়ি,
দেখতে দেখতে পেরিয়ে গেল এ মরু শহর।
বারান্দার খুঁটিতে মেরুদণ্ড ঠেকিয়ে আমি শুধু দেখতাম,
কিভাবে এক একটা ব্যাবিলনীয় সভ্যতা ক্ষণিকের নেশায় ডুব
দেয় আটলান্টিকের অতলে।
সেদিন বুঝতে পেরেছিলাম আপনি আর আমি, আর আমাদের
জগৎ
কেবল প্লবতার দরুন ভেসে রয়েছে অনন্তের অন্দরে।
এখন শহরে শহরে আগুন জ্বলে, বিদ্রোহ জাগে, বন্দুক চলে ।
বেওয়ারিশ লাশগুলো দাফনের পরে-
কত অজানা পাখি সদর্পে বের করে আনে দাঁত আর নখ

খুবলে খায়, ছিঁড়ে নেয় – যোনি আর নিতম্ব, উরু আর বুক
।
ট্রিগারে আঙুল চেপে আমি শুধু দেখি –
কিভাবে একটা আস্ত শস্যক্ষেত
পুড়ে গেল এই ভরা আষাঢ়েরও।
সুতরাং আপনি আর আমি দুটিতেই সেই ভ্রান্ত পথিক
যে সূর্যোদয়ের লাল বর্ণের ভাষা বুঝতে শেখেনি এখনও।
শুধু পিপাসা পেলে আপনি খুঁজে চলেন তাজা রক্ত
আর আমি তুলে নেই পার্টির পতাকা।।

অধ্যায়৪

দেয়াল

রসুল আর আমি তখন এক সেমিস্টারে পড়ছি,
এক বিশ্ববিদ্যালয়ের একই গেস্ট হাউসে একটা ছাদের নীচে –
তখন রাত বাড়লে ,গান বাঁধতাম আমরা দুটিতে।
তখনো কাস্তের মতো বাঁকা চাঁদে মরচে পড়েনি এতটা,
তখনো ধ্রুবতারার খোঁজ শিখে উঠেনি এই নাগরিক জনপদ।
রং খসে পড়া বারান্দার খুঁটিতে হেলান দিয়ে,
সিগারেট হাতে আমরা জুড়ে দিতাম বাউল কিংবা মুর্শিদি।
সিগারেটের ধোঁয়ায় আমরা আবিষ্কার করতাম
স্মৃতির গহ্বরে লুকিয়ে থাকাপ্রাক্তনীদের মুখাবয়ব।
ভোর হতেই নামাজ সেরে রসুল চলে যেত কলেজ স্ট্রিটের পথে
।
আমাদের ফেরার অপেক্ষায় তখন প্রহর গুনতো একঝাঁক
পরিযায়ী পাখির দল।
ঘটনাটা ছিল হেমন্তের এক পড়ন্ত বিকেলের
কলেজ থেকে একসাথে ফিরছি আমি আর রসুল।
হঠাৎ সামনের একটা জটলা দেখে থমকে দাঁড়িয়ে পড়লাম
আমরা।
আর ততক্ষণে –
আকাশ বিদীর্ণ করে ঝাঁকে ঝাঁকে দলে দলে মানুষের ভিড়
হুমড়ে পড়ল চৌরাস্তার মোড়ে,

মন্দির আর মসজিদের পাহারাদারেরা হুংকার ছাড়তে লাগল
যে যার উপর।
শহরে শহরে জেগে উঠল ব্যারিকেডব্যারিকেড,
বিপ্লব ঘোষিত হলোগোটা উপমহাদ্বীপে ।
বিপ্লব ছড়িয়ে পড়ল ওই তল্লাটের গন্ডি পেরিয়ে এ গলির
ল্যাম্পপোস্টে।
বিপ্লব ছড়িয়ে পড়লো আমাদের শিরা - উপশিরায় ।
আমরা গান ছেড়ে দিলাম।
সারি,জুরি, ভাটিয়ালী -এক এক গুলিয়ে ফেললাম সব ..সব..
আমরা গুলিয়ে ফেললাম আমাদের মধ্যেকার যা কিছু।
আর সেই থেকে রসুল কিংবা আমার গান
শোনেনি কেউ ,
আর সেই থেকে -
ঈশ্বর আর আল্লাহর দাপাদাপির পর ,
রসুল আর আমার মাঝে,
অদৃশ্য দেয়াল তুলে দিয়ে গেছে কোনো এক মহাজাগতিক
হাত।।

অধ্যায়৭

বিবাগি

সংসার ছাড়ার আগে আরও একবার আশ্রয় নেবো
তোমার চিলেকোঠার ঘরে ,
বিধর্মী হওয়ার আগে আরও একবার,
অছুঁত করে যাবো পৃথিবীর যাবতীয় ধর্মগ্রন্থগুলি ।
প্রস্থানের আগের রাতে ধুয়ে ফেলব
চিতাভস্মের গন্ধ লেগে থাকা শরীরটাকে।
আমার একাদশী স্নানের পর
তোমরা প্রহর গুনবে আমার মহাপ্রস্থানের
দুয়ারে ছড়িয়ে ছিটিয়ে রাখবে এ যাবৎকালের
যা কিছু অভিযোগ , রক্তের দাগের মতো।
বেদুইন যাত্রী আমি
বিবাগি হওয়ার আগে তবু প্রতিষ্ঠিত করে যাব –
পৃথিবীর প্রতিটি প্রেমিকার হাত প্রেমিকের বুকের ওপর ।
সহজলভ্য করে যাবো
মহকালের অনন্ত সম্পদ
আমার আগামীদের জন্য।।
তারপর একদিন এ উষ্ণ সমুদ্রতট ছেড়ে
চলে যাবো বরাহশিকারে
অমরত্ব চাইনি কোনোদিন,
অন্ত্যেষ্টিক্রিয়ার পর কূল দেবতাকে প্রণামের পর শুধু চেয়েছি,

একদিন আমার ফেলে যাওয়া শূন্য ঘরের দেয়াল
আর ফিকে পাণ্ডুলিপি গুলির দিকে চেয়ে-
কান্না নয় ,তোমাদের ঠোঁটে জেগে উঠুক বিজয়ার বিষাদ।

অধ্যায়‌ 10

কবর

আমাকে কবরে রাখতে হলে
তোমাকে প্রথমে কিছু গান বাঁধতে হবে
তারপর দিগন্তপাড়ের আরব্যরজনীর দেশ থেকে
তোমাকে খুঁজে আনতে হবে
সেই হরবোলা পাখিটিকে,
যার সুর পৃথিবীর কোনো প্রেমিকার
শোনা হয়নি এখনো।
আমাকে কবরে রাখতে হলে
তোমাকে প্রথমে জানতে হবে
প্রেমিকের হৃৎপিণ্ডটাকে।
তোমাকে শিখতে হবে বাঁদিকে
ঠিক কত ইঞ্চি নীচে গুলি ছুঁড়ে দিলে,
প্রেমিকের বুক থেকে বেরিয়ে আসে লালস্রোত
আর তারপর প্রেমিক পেয়ে যায় যন্ত্রণাহীন মৃত্যু।
পৃথিবীর কোনো জনপদে পৌঁছে যাবে না এই মৃত্যুসংবাদ
পালিত হবে না শোক দিবস পৃথিবীর কোনো রাজপথে।
আমাকে কবরে রাখতে হলে
তোমাকে প্রথমে মলীন হতে হবে
হরিৎ করে তুলতে হবে তোমার বক্ষ পাঁজর
স্তনযুগলে দুধ সঞ্চার করে রাখতে হবে,

আগামী শিশুর জন্য।
আমার সমাধির ঘ্রাণে মৃত ঈশ্বরেরা জেগে উঠলে
তোমাকে তাদের মুখে তুলে দিতে হবে নরম মাংস, গলায়
ঢেলে দিতে হবে দেশী মদ।
তারপর এই মৃত নদী- গাঙ এই মরা কার্তিকের মগ্নচরা
পেরিয়ে
তোমাকে পৌঁছে যেতে হবে কাটাতারের ডিঙিয়ে।
তুলে দিতে হবে দোদুল্যমান নাগরিক অস্থিরতাকে।
আমাকে কবরে রাখতে হলে
তোমাকে প্রথমে তৈরি করতে হবে
আমার স্মৃতি সৌধ ।
তলায় রাখতে হবে অপ্রকাশিত সনেটমালাকে
এপিটাফের শরীরে তোমাকে লিখে যেতে হবে
" চুপ করো, শান্ত হও বন্ধ রাখো কলরব ,
এই গলিতে আমি কবরে রেখেছি আমার প্রেমিকের শব।। "

অধ্যায়11

স্বাধীনতা

অগাস্ট এলেই আমার মনে পড়ে,
আমার সৈনিক বাবার কথা।
যুদ্ধবিরতি ঘোষিত হলে সীমান্তের পার থেকে –
মাকে যিনি টেলিফোনে জানাতেন তার হালহকিকত ।
ছুটির কথা মনে করাতেই মাকে যিনি বলে উঠতেন–
"এখনো সীমান্ত ঢলে পড়েনি গভীর ঘুমে,
এখনো বরফের চাদর সরিয়ে উঠে আসতে পারেনি
আমার সহকর্মীরা।
এখনো আরও কটা দিন তোমাকে ছেড়ে,তোমার হাতের গরম
রুটি ছেড়ে
আমাকে পড়ে থাকতে হবে
যুদ্ধবিধ্বস্ত বাংকারের এই মলিন জান্নাতে।"
ফোনের আর একপ্রান্তে রিসিভার হাতে
দাঁড়িয়ে থাকতো মা ।
কখনো বা আঁচলে মুছে নিত ক্রমশ ভিজতে থাকা চোখদুটি।
আমাদের আটজনের সংসারে, আটটি ভুখা পেটের –
বাবা ছিলেন একমাত্র অবলম্বন।
কৈশোর পেরিয়ে গেলেও ,
যার ভিজে যাওয়া শিরদাঁড়াটা–
আমার ছুঁয়ে দেখা হয়নি কখনো।

বাবার এখন বয়স বেড়েছে।
সন্ধ্যে হলেই বাতের ব্যথায় ক্রমশ কুঁকড়ে যাচ্ছে মানুষটা
দু পায়ে জোর নেই, মুখে রুচি নেই, ত্বকে লেগে নেই সেই
পরিচিত স্পর্ধা
একদিন যে আপনমনে বয়ে নিত আমাদের সকলের ওজন
বুক ঠুকে হেঁটে যেত বরফের মরুপথ,
আজ তার একমাত্র অবলম্বন চার ফুটের একটা ওয়াকিং স্টিক।
'স্বাধীনতা' নামক শব্দটা আজ তার কাছে সন্ধি বদ্ধ একটা
পদ মাত্র।।।

অধ্যায়12

ব্রেকআপের পর

দেখা হলে আমাকে কিনে দিতে পারো
তোমার পছন্দের আইসক্রিম কিংবা ফালুদা
কচি ডাবের সাথে কিনে দিতে পারো
একটিমাত্র স্ট্র ,
তাতে ঠোঁট পড়ুক শুধু আমার।
দেখা হলে আমাকে তুমি জিজ্ঞেস করতেই পারো-
বাবার সুগার লেভেলটা বেড়েছে কি না!
অথবা মায়ের বাতের ব্যথাটা এখন কেমন!
কিংবা ধরো কোনো কারণ নেই, হঠাৎ করে
জিজ্ঞেস করে বসতেই পারো -
তোমাকে কতটা মনে পড়ে আমার!
অথবা কতটা জীবিত আছো তুমি আমার মধ্যে!
দেখা হলে আমাকে তুমি সম্বোধন করতেই পারো
‘আপনি, আজ্ঞে ’ বলে
অথবা তোমার মুখ ফসকে বেরিয়ে যেতেই পারে,
আমাকে দেওয়া সেই ডাকনাম।
কিংবা ধরো মাথা নীচু করে বলে উঠতেই পারো-
সিগারেটের বদ অভ্যেসটা এখনো জড়িয়ে আছে কিনা আমায়!
অথবা ধুলো পড়লে এখনো মুখে ওঠে কিনা অ্যালার্জির
ট্যাবলেট!

দেখা হলে আমাকে তুমি আশ্রয় দিতেই পারো
তোমার টেথিসের নগরীতে
দুদণ্ড বসতে বলতেই পারো
তোমার গাঙ্গেয় উপত্যকায়।
কিংবা ধরো আমাকে নষ্ট করারভীষণ তাগিদে
জড়িয়ে ধরতে পারো হঠাৎ করেই,
হঠাৎ করেই মাথা এলিয়ে দিতে পারো আমার পাথুরে বুকে
তুমি তো বোঝোনি অনুরিমা,
অথচ পৃথিবীর অবিশ্বাসী প্রেমের গ্রন্থগুলিও জানে ,
অজস্র কালাহারির দহনের শেষে,
প্রেমিকারা কোনোদিন প্রাক্তন হয়নি প্রেমিকের চোখে।।

অধ্যায়13

না বলতে শিখুন

এই যে শুনছেন!
হ্যাঁ, আপনাকেই বলছি –
ধরুন সকাল থেকে বিরক্তিতে আছেন,
ঘেমে উঠছেন, লবন জলে ভিজে জপজপে শরীর
এমন সময় শতাব্দী প্রাচীন এক বন্ধু,
জ্বলন্ত সিগারেট বাড়িয়ে দিল আপনার দিকে
ফিরিয়ে দিন, আপত্তি করুন ,
বলুন আজ নয়; বলুন অন্য একদিন।
ধরুন অফিস থেকে বাড়ি ফিরছেন,
আটটা – দশটার আটপৌরে জীবন আপনার
এমন সময় গলির মোরে জটলায় বসে থাকা –
এ পাড়াগায়ের বুদ্ধিজীবীরা ঘিরে ধরলো আপনাকে
জানতে চাইলো অর্থনীতির এই গভীর সংকটে আপনার
মতামত,
আপত্তি করুন, বলুন আজ নয় ;
বলুন অন্য একদিন।
ধরুন ধর্মঘটে মুখর একটা দিন
বুথের সামনে বুক ফুলিয়েদাঁড়িয়ে থাকত যে রাজনৈতিক
তরুণ–
তারই নৃশংস হত্যার প্রতিবাদে উথলে পড়েছে গোটা শহর ।

ছাত্র আর শ্রমজীবীদের প্রবল স্লোগানে ,
খসে পড়ছে বালি আর সিমেন্ট
মরচে পড়া কংক্রিটের শরীর থেকে ।
এমন সময় আপনাকে দেখা মাত্রই
ভিড়ের মধ্যে থেকে এক যুবক
ঠেলে দিতে চাইলো মিছিলের মাঝখানে ,
সুর মেলাতে আবেদন জানাল পরিচিত মহোদয়গণ
আপত্তি করুন, বলুন আজ নয় ;
বলুন অন্য একদিন।।
ধরুন আপনি কোনো এক ঝরঝরে মধ্যবিত্তের ঘরের ষোড়শী
তরুণী
কোনো এক বৃষ্টির দিনে ,
আপনার প্রেমিকের হাত ধরে
হাঁটছিলেন বাইপাসের ধার ঘেঁষে।
শান্ত পৃথিবী, শান্ত জনপদ, শান্ত শহরতলি
আপনি হয়তো বৃষ্টি দেখতে ভালোবাসেন
শুনতে পছন্দ করেন টুপটাপ ঝরে পড়া আবহসংগীত
এমন সময় আপনার প্রেমিক জড়িয়ে ধরলো আপনাকে
চুমুতে ভরিয়ে দিতে চাইলো গাল থেকে ঠোঁটে, চিবুক থেকে
ক্লিভেজের উপরিভাগে
দূরে সরিয়ে দিন, আপত্তি করুন
গর্জে উঠে বলুন –আজ নয়, বলুন অন্য আরেকদিন;
পৃথিবীতে সব কিছুকে নীরবে মেনে নিতে নেই
পৃথিবীতে কোনো কিছুকেই নেই নীরবে মেনে নিতে।।

অধ্যায়14

প্রথম প্রেমিকাকে

প্রিয় মন;
ফাল্গুনে পলাশ বনে রং জাগলে
আমার এখন তোমার কথা মনে পড়ে।
সেই কবে ময়ূরাক্ষীর জনাকীর্ণ ব্রীজের নীচের দাঁড়িয়ে,
আমাকে তুমি দেখিয়েছিলে তোমার ইহুদির উপত্যকা।
অপ্রস্তুত গালে বসিয়ে দিয়েছিলে আলতো কামড়ের দাগ।
ভাবলেই এখনও মেরুদণ্ডে বয়ে যায় শীতল ল্যাব্রাডর স্রোত।
তোমার একুশ বছরের তরুণ প্রেমিকের কাছ থেকে জেনেছি,
মন্বন্তর শুরু হওয়ার আগেই তোমরা ছেড়ে চলে গিয়েছিলে
এই ভিটেমাটি।
মহুয়া –পলাশের বন পাড় করে ,
কোনো এক বেশ্যা পল্লীর সামনের দালানে ঘর বেঁধেছিল
তোমার প্রজননস্পৃহ পূর্বপুরুষেরা।
মন্বন্তর আমাকে গিলে ফেলতে পারেনি প্রিয়তম।
ভরা চৈত্রের দুপুরে তোমাকে খুঁজে বেরিয়েছি হন্যে হয়ে।
ময়ূরাক্ষীর পাড়ে বসে মাতালের মতো আওড়ে গেছি তোমার
নাম ।
তন্ন তন্ন করে চষে ফেলেছি এই শহরের সবকটি বেশ্যালয়।
বাদাড়ের বন পেরিয়ে এসে পৌঁছেছি ভগ্ন দেবালয়ে।
সন্দিগ্ধ হাতে একসময় তুলে নিয়েছি বিষ্ণুর পাঞ্চজন্য।

কিন্তু তোমার খোঁজ দিতে পারেনি কোনো পরিযায়ীর দল।
সবছেড়ে আজ তাই এই পত্র লেখা।
নামহীন,ঠিকানাহীন ,প্রাপকহীন একটা পত্র ।
গোধূলির পর যাকে বিলিয়ে দিতে হবে সন্ধ্যার বাতাসে।
এখন মন্বন্তর শেষ হয়ে গেছে প্রায়।
দুর্ভিক্ষ কাটিয়ে শরীর ঝেড়ে জিইয়ে উঠছে প্রান্তিক চাষার দল।
নবান্নের সোনালি দেবতাকে ঘরে তুলতে হবে বলে –
তুলসীর তলায় প্রদীপ সাজছে গৃহবধূ।
ক্রমশ শীতঘুম কাটিয়ে জেগে উঠছে ময়ূরাক্ষীর জল।
খরস্রোত আমাকে ভাসিয়ে নিয়ে যেতে পারেনি প্রিয়তম।
অসহনীয় বিষম-মাত্রিক স্রোতের উপর দাঁড়িয়ে ,
আমি দুচোখ ভরে দেখে ময়ূরাক্ষীর ভরা যৌবন
আশায় থেকেছি, একদিন এই দুর্নিবার স্রোতস্বিনীর পাড়ে
সারাটা বিকেল পা ডুবিয়ে,
তোমাকে শোনাবো এই বাউন্ডুলে জীবনের বারোমাস্যা।।
– ইতি
কোনো নাম নেই যার, অনামা

অধ্যায়15

আর দুমুঠো ভাত খাবে বলে
জুড়ে দিল কান্না দামাল ছেলে।
মা বলে-" দেখছিস না ! এ কি থোকা! "
এই গরমে তেও নামছে পারদ
হাসছে যে দ্যাখ ওই ' নতুন ভারত '
কাঁদছে দেখো , ওমা কি ভীষণ বোকা
রাজার রাজ্যে থাকলে নীরব
মহার্ঘ্য জুটবে সময়মতো সব,
জমালে টাকা , হবেনা চিরুনি তল্লাশ
আর কটা দিন পেরিয়ে গেলে
তোকেও ভিড়াবো কোনো পতাকার দলে,
উঁচিয়ে পিস্তল , গনতন্ত্রের মাথা ছিঁড়ে খাস।
তেলের দাম বাড়লে পরে
ভাত রাঁধিস তুই মাঝ দুপুরে
কেটে আনাজ, ছড়িয়ে রাখিস পিচ রাস্তায়
২১ কোটি জুটলে পরে
আশ্রয় নিস কোনো বেদিনীর ঘরে
রাজার রাজ্যে সব বিকে সস্তায়।
আমরাও তো সব আঁতেল ভারি
মরলে কুকুর টিপে দেখি নাড়ি।

আদেশ হাঁকে তাই বোদ্ধা রাজা ,
নগদ পেলেই বেজায় খুশি
সবকটা তো বেড়ালই পুষি
কুঁচকে গেলেও সেই রাজারই প্রজা।।

আদেশ হাঁকে তাই বোদ্ধা রাজা ,
নগদ পেলেই বেজায় খুশি
সবকটা তো বেড়ালই পুষি
কুঁচকে গেলেও সেই রাজারই প্রজা।।

অধ্যায়16

স্বগতোক্তি

এই মাত্র পুড়িয়ে এলাম নিজেকে,
এই মাত্র সদর্পে ভস্ম করে এলাম –
আমার নৈঃশব্দের অলীক জগত।
এখন আর দাগ লেগে নেই শরীরে,
ঠোঁটে লেগে নেই প্রাক্তনের লালা মিশ্রিত চুমুর স্বাদ।
আততায়ী প্রেমিকের মতো এখন –
গিলে ফেলতে পারি দশটা –বিশটা পৃথিবী,
রুখে দিতে পারি তাজা তাজা হৃৎস্পন্দন।
কেবল আজন্ম স্পৃহায় প্রহর গুনি রাত্রিবাসের।
অপেক্ষায় দাঁড়িয়ে থাকি নিষিদ্ধ পল্লীর দরজায়।
আর রাত্রি পেরোলে, ক্ষণিকের স্ফুলিঙ্গের মতো –
নিভৃতে আরও একবার ঈশ্বর ভেবে নেই নিজেকে।

অধ্যায়17

ভাঙাচোরা কবিতা

।।এক।।
হে অন্ধ কবি
নিরস্ত্র হও!
মাথা নত রাখো তোমার সৃষ্টির ধ্বজার।
গুটিয়ে রাখো তোমার বিবর্ণ পান্ডুলিপি,
ধুলো পড়া আদিম খাতা –
এই মধ্যরাতের চাঁদনীর আলোয় –
ঘর পুড়েছে যে বোবা যুবকের ,
তাকে তুমি কি করে বোঝাবে প্রেমের কবিতা!
।।দুই।।
যৌনতা গুছিয়ে বলতে পারিনা বলে ,
একে একে কাঁধ থেকে উঠে গেল –
কতো প্রিয় বন্ধুর হাত ।
গভীর চুমুর আলংকারিক প্রয়োগ শিখিনি
শুধু এই অভিযোগে,
পাশ থেকে সরে গেল কত ওড়না, কত শহুরে প্রেমিকা
প্রতিবাদ করিনি তাদের কাউকেই –কোনোদিন,
চোখে চোখ রেখে আশ্বাস দিয়েছে এই বলে–

একদিন তোমাদের সস্তার পর্ণোগ্রাফি ছেড়ে –
এ গলির বখাটে ছেলেগুলো ,
বেঁচে উঠবে আমার কবিতায়।
।।তিন।।
অতএব কাজ জোটেনি বলে
হন্যে হয়ে বাড়ির পথ ধরেছে যে যুবক ,
তাকে গিয়ে প্রশ্ন করো তোমার পূর্বপুরুষ কোন জাতির ?
অথবা তোমার পিতৃপ্রদত্ত পদবী কোন ধর্মের ?
কি নামে ডাকো তুমি তোমার গৃহদেবতাকে ?
সে জানে, সুযোগ পেলে –
ত্রিশূল হাতে সেও জুড়ে দিতে পারে তান্ডব নৃত্য।।